Simone

Crashkurs Christentum

Thomas R. Karmann
Reinhard Lettmann
Clemens Stroetmann
Hans-Jürgen Vogelpohl

Crashkurs
Christenum

In 60 Minuten
Glaube & Religion verstehen

benno

Bibliografische Information der Deutschen Nationalbibliothek
Die Deutsche Nationalbibliothek verzeichnet diese Publikation
in der Deutschen Nationalbibliografie; detaillierte bibliografische Daten
sind im Internet über http://dnb.d-nb.de abrufbar.

Besuchen Sie uns im Internet:
www.st-benno.de

ISBN 978-3-7462-3054-2

© St. Benno-Verlag GmbH
Stammerstr. 11, 04159 Leipzig
Umschlaggestaltung: Ulrike Vetter, Leipzig
Umschlagabbildung: © Getty Images / Harald Sund
Gesamtherstellung: Kontext, Lemsel (A)

Inhaltsverzeichnis

Über den Alltag hinaus

„Crashkurs Christentum" – wie soll das möglich sein, werden Sie fragen. Ein zusammengefasster Katechismus? Merksätze zum Auswendiglernen?
Die Autoren wollen Sie nicht be-
lehren. Sie setzen dort an, wo christlicher Glaube sichtbar wird: im gemeinsamen Feiern und Beten. Bilder und Symbole der Feste werden gedeutet. Der Glaube hebt uns über den Alltag hinaus und schenkt unserem Leben eine größere Dimension. Zum Glauben kommen wir nicht nur mit dem Verstand, sondern mit unserem Herzen und all unseren Sinnen. Glauben ist auch nicht einfach eine persönliche Angelegenheit. Glaube ist Gemeinschaft mit Gott

und den Menschen. Der Glaube schenkt Weite.
Lassen Sie sich mitnehmen; feiern und beten Sie mit,
und Sie werden erfahren, was christlicher Glaube ist.

Rom, Weihnachten 2010
Dr. Notker Wolf OSB,
Abtprimas des Benediktinerordens

„Es will mir scheinen, dass die christliche Theologie zu einer ganz einfachen Aussage der christlichen Botschaft kommen müsste und könnte. Das Einfache, das das Ganze enthält, ist immer das Schwerste, nicht das Billige ..."

Karl Rahner

Zum Kern des Glaubens

Die Anregung für dieses Buch „Christlicher Glaube in 60 Minuten" bekam ich von meinem Lehrer Karl Rahner und von Thomas von Aquin, einem der großen Denker im Mittelalter. Thomas schreibt im Vorwort seiner Summa theologiae, dass er versuchen wolle, kurz und klar (breviter ac dilucide) darzulegen, was die Theologie zu sagen hat .
Wer heute ein verständliches und kleines Buch über den christlichen Glauben sucht, tut sich dabei schwer.

Bischof Dr. Reinhard Lettmann, der Theologe Dr. Thomas Karmann und ich wollen mit wenigen Worten den christlichen Glauben darlegen.

Es soll hier nicht der katholische oder der evangelische Glaube beschrieben werden. Es geht um den christlichen Glauben.

Dr. Thomas Karmann ist Theologe für die frühe Kirchengeschichte. Mit seinen Gedanken führt er den Leser zu den Quellen unseres Glaubens. Bischof Dr. Reinhard Lettmann versteht es, mit einfachen Worten und Bildern den Glauben näher zu bringen. Mit Zitaten und knappen Formulierungen aus der Seelsorge führe ich die Leser zum Kern des Glaubens.

Wer bekennt, dass Gott in Jesus Christus Heil und Hoffnung und neues Leben für alle Menschen ist, der bekennt nicht nur einen Teil, sondern den ganzen christlichen Glauben.

Hans-Jürgen Vogelpohl

SONNTAG
Zeit zum Auftanken

Sonntag

„Am Sonntag will mein Süßer
mit mir segeln gehn …"
Sehnsucht und Glück in einer Zeile Lied.
Warum nicht Montag?
Oder Mittwoch?
Weil wir nur sonntags in der Lage sind, die ganze
Zeit zu verschenken:
Der oder dem Liebsten, die oder den wir haben.

Clemens Stroetmann

Der Sonntag – dazu bestimmt, Gottes Freundschaft zu erfahren:

Die Tiere waren neidisch und voller Ärger. Die Menschen hatten Sonntage, nur sie nicht. Das sollte anders werden. Sie trafen sich in einer Lichtung und überlegten, wie auch sie zu Sonntagen kämen. – Der Löwe sagte: Ganz einfach. Das liegt vor allem an vielem und gutem Essen. Er wünschte sich an jedem Sonntag eine Antilope. – Der Pfau meinte: Ach was. Essen? Ein herrliches Festgewand ist das Wichtigste. Er wünschte sich eine neue Garnitur schillernder Schwanzfedern. Das Faultier protestierte: Man muss vor allen Dingen viel, sehr viel Ruhe haben und sich richtig ausschlafen können. Der Affe sagte nur: Hundert Kokosnüsse und einen guten Baum zum Klettern. Auch das Schwein meldete sich: Eine schöne, runde, feuchte Drecklache und zwei Säcke Eicheln: Das genügt. So hatte jedes Tier seine Wünsche. Der liebe Gott gewährte diese Wünsche alle, aber bei den Tieren wurde es nicht Sonntag. Da lachten die Menschen und sagten: Wie dumm sind doch die Tiere. Sie wissen nicht, dass nur dann Sonntag wird, wenn man mit Gott wie mit einem Freund spricht.

Afrikanische Sage

Es ist nicht alle Tage SONNTAG!

Volkstümliches Sprichwort

Ohne Sonntag fehlt dir was.

Kampagne der „Allianz für den freien Sonntag Hessen"

„Und Gott segnete den siebten Tag und erklärte ihn
für heilig; denn an ihm ruhte Gott, nachdem er das
ganze Werk der Schöpfung vollendet hatte."

(Gen 2,3)

Gott sei Dank, es ist Sonntag!

Fünf, sechs Tage pro Woche Stress, Arbeit, Termine, Besorgungen und Erledigungen. Dann endlich Sonntag, ein ganzer, freier Tag. Ein Tag Ruhe und Erholung, ein Tag Zeit für mich, für meine Gedanken, Erinnerungen und Träume, ein Tag, um mich zu entspannen, aufzuatmen, innezuhalten und neue Kraft zu tanken, ein Tag Zeit, um ihn mit den Menschen zu verbringen, die ich liebe und die mich lieben, mit der Familie, mit Verwandten und Freunden, ein Tag Zeit für die Menschen da zu sein, die mich brauchen und die ich brauche, ein Tag Zeit für Gott, für den, der immer für mich da ist.

Unser Sonntag wurzelt im jüdischen Sabbat, in der uralten Erfahrung des Volkes Israel, dass der Mensch nicht nur arbeiten und schaffen kann, sondern dass er auch Erholung und Ruhe braucht, und dass dieser Wechsel von Arbeit und Freizeit gottgewollt ist. Für uns Christen ist der Sonntag aber noch mehr, für uns ist es der Tag der Auferstehung, der Freude darüber, dass Jesus nicht im Tod geblieben ist, sondern auferweckt wurde. Für uns Christen ist der Sonntag nicht der letzte Wochentag, sondern der erste, aber auch gleichzeitig der achte Tag der Woche, der Tag, an dem wir uns erinnern, dass Gott uns und diese Welt geschaffen hat, der Tag, an dem wir uns darüber freuen, dass er uns und diese Welt durch Christus erlöst hat, der Tag, an dem wir darauf hoffen, dass er uns und diese Welt in seinem Geist neu schaffen und vollenden wird.

Thomas Karmann

„Jesus sprach: Der Sabbat ist für den Menschen da, nicht der Mensch für den Sabbat."

(Mk 2,27)

Feiern, um zu leben

Eine Weise, wie Menschen sich zum Leben verhalten, ist, dass sie das Leben feiern. Im Alltag leben wir. Am Sonntag feiern wir das Leben. Der Sonntag erinnert uns daran, dass wir Grund haben, das Leben zu feiern. Wir gedenken am Sonntag des Schöpfers. Wir sind seine Geschöpfe. Wir müssen uns unser Leben nicht erst durch eigene Leistung verdienen, sondern dürfen es dankbar als Geschenk aus Gottes Hand annehmen.

Am Sonntag feiern wir die Auferstehung Jesu Christi von den Toten. Er hat den Tod überwunden und auch uns die Fülle des Lebens verheißen. Der Sonntag lässt uns innewerden, dass unser Leben Sinn hat, weil über ihm die Verheißung des ewigen Lebens steht. Wir haben Grund, am Sonntag das Leben zu feiern, damit wir im Alltag wieder leben können.

Zum Feiern gehört Muße. Elie Wiesel berichtet aus der chassidischen Überlieferung: „Es ist eine Geschichte, die mir zugestoßen ist", sagte der Baal-Schem. „Ich reiste in einer Kutsche, die von drei Pferden gezogen wurde, und jedes hatte eine andere Farbe und keines wieherte. Und ich verstand nicht, warum die Tiere stumm waren. Bis zu dem Tag, an dem ich einem Bauern begegnete, der mir zurief, die Zügel doch locker zu lassen. Auf der Stelle begannen die Rosse zu wiehern." Diese Geschichte zeigt: „Damit die Seele in Schwingung gerate, muss man sie freilassen; zuviel Zwang droht sie zu ersticken."

In einem afrikanischen Gebet heißt es: „Herr, ich werfe meine Freude wie Vögel an den Himmel. Die Nacht ist verflattert, und ich freue mich am Licht. So ein Tag, Herr, so ein Tag!" Ein solcher Tag ist der Sonntag.

Der Sonntag als Tag, an dem wir das Leben feiern, muss etwas vom Charakter eines Festes haben, sowohl in der Familie wie in der Öffentlichkeit.

Ein Fest kann man nicht gut allein feiern. Zum Fest gehört das Gemeinschaftliche, die festliche Umgebung, die mitfeiernden Menschen. Irgendein freier Tag in der Woche ist deshalb kein Ersatz für den Sonntag. Man muss auch in der Öffentlichkeit spüren können, dass Sonntag ist.

Wie der Sinn dem Sein seine Bedeutung gibt, so kann der Sonntag dem Alltag Sinn geben. Wir brauchen den Sonntag um des Alltags willen. Wir brauchen den Sonntag um des Menschen willen.

Bischof em. Reinhard Lettmann

Der Mensch wird zum Tier, wenn er nie einen Sonntagsrock anhat.

Friedrich der Große

Gib der Seele einen Sonntag und dem Sonntag eine Seele.

Peter Rosegger

Alles Tun zu seiner Zeit;
Sonntagsarbeit nicht gedeiht.

Sprichwort

„Das ist der Tag, den der Herr gemacht hat;
wir wollen jubeln und uns an ihm freuen."

Psalm 118

Ohne Sonntage gibt es nur noch Werktage.

Kampagne der EKD 1999

Mach mal Sonntag.

Kampagne des ökumenischen Vereins „Andere Zeiten"

„Alle Richter und Einwohner der Städte, auch die Arbeiter aller Künste, sollen am ehrwürdigen Tag der Sonne ruhen ..."

Kaiser Konstantin – Sonntagsgesetz vom 7. März 321

P.64Y

20

Weihnachten

„Pax – muss das nicht Fax heißen?"
„Nein, nein: es muss der Pax schon sein,
den wir uns notfalls auch per Fax
zum Christfest wünschen
und zum neuen Jahr!"

Ein großer Tag für Vater Martin

nach Leo Tolstoi

In einem kleinen Dorf in den Weiten Russlands lebte vor vielen, vielen Jahren ein alter Schuhmacher. Obwohl er Martin hieß, nannte ihn niemand einfach Martin oder Herr Martin. Ging er durch das Dorf, so grüßten ihn die Bewohner mit: „Guten Tag, Vater Martin." Das verhielt sich so, weil ihn alle gern hatten.

Vater Martin hatte nicht viel Geld und besaß auch sonst nicht viel, außer seiner kleinen Werkstatt mit dem Fenster zur Dorfstraße. Dennoch war er nicht arm. Er hatte alles, was er zum Leben brauchte: einen alten Ofen, auf dem er sich sein Essen zubereitete und an dem er sich seine Hände wärmen konnte, sein Werkzeug, einen gemütlichen Schaukelstuhl, eine alte Öllampe, die ihm Licht spendete, wenn es dunkel wurde, und ein Bett mit einer Flickendecke.

Es gab viele Leute im Dorf, die neue Schuhe brauchten oder alte repariert haben wollten. So hatte Vater Martin immer viel zu tun. Dabei war er immer fröhlich – na ja fast immer. Seine armen Augen blitzten dann verschmitzt hinter der kleinen runden Brille hervor. Er sang und pfiff den ganzen Tag vor sich hin und grüßte alle Menschen freundlich, die an seinem Fenster vorübergingen.

Aber eines Tages, es war an Heiligabend, war alles anders. Vater Martin stand ganz traurig am Fenster und dachte über seine Familie nach. Seine Frau war vor Jahren verstorben. Seine Söhne und Töchter sind längst erwachsen und weggezogen. Sie hatten jetzt ihre eigenen Familien, in denen sie feierten. Nur Vater Martin stand allein am Fenster.

Er blickte die leere Dorfstraße hinauf und hinunter. Die Fenster der Dorfbewohner erstrahlten im warmen Licht der Kerzen. Aus den Häusern drang das Lachen der Kinder und ihr Jubeln über die Geschenke. Vater Martin konnte den Duft der Weihnachtsbraten und des frisch Gebackenen bis in seine Werkstatt riechen. Es war alles so wohlig – in diesen Häusern.

„Kinder, Kinder", seufzte Vater Martin, und kratzte sich dabei am Hinterkopf. Anschließend zündete er die Öllampe an und holte ein altes Buch mit braunem Einband aus dem hohen Regal. Dann setzte er eine Kanne Wasser für Tee auf den Herd, setzte sich auf den Lehnstuhl und begann zu lesen.

Ganz bedächtig las er die Weihnachtsgeschichte, die ihm von Maria und Josef und von Jesus, der in einem Stall geboren wurde, erzählte. „Kinder, Kinder", sagte er und kratzte sich erneut am Hinterkopf. „Wären sie zu mir gekommen, dann hätte ich ihnen mein Bett angeboten. Ich hätte das Baby mit meiner warmen Decke zugedeckt. Wie schön wäre es doch, an Weihnachten Menschen um sich zu haben und erst ein kleines Kind!" Draußen wurde es dunkler und Vater Martin musste die Lampe heller drehen. Es fröstelte ihn, und so stand er auf, schürte das Feuer im Ofen und goss sich eine Tasse Tee ein. Dann las er weiter – von den drei Königen, die durch die Wüste reisten und Geschenke brachten. „Kinder, Kinder", murmelte Vater Martin, „Wäre Jesus zu mir gekommen, dann hätte ich gar nichts für ihn da." Doch dann fiel ihm das Päckchen auf dem Regal ein, und er begann zu lächeln. Seine Augen leuchteten hinter den kleinen runden Brillengläsern. Sogleich stand er auf und ging zu dem Regal. Er streckte sich und nahm die staubige Schachtel vom Regal herunter. Als er die Schachtel öffnete, kam ein Paar winzige Schuhe zum Vorschein. Vater Martin schaute diese kleinen, wertvollen Schuhe liebevoll an. Von allen Schuhen, die er jemals gefertigt hatte, waren diese die wohl schönsten. Seine Kinder haben sie getragen. „Diese Schuhe würde ich dem Jesuskind geben." Mit großer Sorgfalt packte er die Schuhe wieder ein und stellte sie auf das Regal zurück. Dann las er weiter in seinem Buch und las und las und las, bis er schließlich über seinem Buch einschlief.

Der Nebel, der sich draußen gebildet hatte, wurde immer dichter. Wie Schatten huschten die Nebelschwaden an seinem Fenster vorbei. Aber Vater Martin bekam von alledem nichts mit. Er schnarchte in seinem Lehnstuhl leise vor sich hin. Doch plötzlich hörte er eine Stimme:

„Vater Martin!" Der alte Mann schrak auf: „Wer ist da?" Während er schlief, war ihm die Brille heruntergerutscht, und so konnte er nur schlecht sehen. Trotzdem: im Zimmer schien niemand zu sein. Da war die Stimme wieder zu vernehmen: „Vater Martin! Es war dein Wunsch, dass ich dich besuche. Morgen werde ich zu dir kommen. Du musst genau aufpassen, damit du mich erkennst. Denn ich sage dir nicht, wer ich bin. Achte auf die Straße."

Dann war nichts mehr zu hören. Vater Martin rieb sich - noch ganz verwirrt - die Augen. Das Feuer im Ofen war ausgegangen. Die Lampe war erloschen.

Draußen läuteten überall die Glocken. Es ist ja Weihnachten!

„Ob er das war?" fragte Vater Martin sich selbst. „Vielleicht war ja alles nur ein Traum? – Ich werde morgen jedenfalls ganz genau aufpassen! Nur woran soll ich ihn erkennen? Er ist ja kein kleines Kind mehr. Schließlich war er später ein erwachsener Mann, ja sogar ein König. Es wird sogar gesagt, dass er Gott selbst war." Vater Martin schüttelte den Kopf. „Kinder, Kinder", seufzte er, „ich muss morgen wirklich gut aufpassen!"

Vater Martin konnte in dieser Nacht nicht schlafen. Seine Aufregung war viel zu groß. Er hatte seinen Lehnstuhl näher ans Fenster geschoben und saß nun voller Vorfreude darin. Er schaute immer wieder aus dem Fenster und beobachtete achtsam die ersten Leute, die am frühen Morgen an seinem Fenster vorübergingen. Auch während er sich einen Tee kochte, ließ er das Fenster nicht aus den Augen. Endlich war am Ende der Straße ein Mann zu sehen. Erwartungsvoll schaute Vater Martin aus dem Fenster. War das Jesus? Doch je näher der Mann kam, desto klarer wurde es, dass er nicht Jesus war, und so trat Vater Martin enttäuscht zurück. Es war nur der Straßenkehrer, der so wie jede Woche mit seinem Reisigbesen die Straße fegte. Vater Martin ärgerte sich schon ein wenig. Schließlich hatte er Wichtigeres zu tun, als einem alten Straßenkehrer beim Säubern der Straße zuzusehen. Er erwartete immerhin den König Jesus. Ernüchtert wandte er sich vom Fenster ab und wartete solange, bis der alte Mann vorübergegangen sein musste. Dann schaute er wieder aus dem Fenster.

Aber der alte Straßenfeger stand noch auf der anderen Straßenseite. Er hatte sich seinen Besen zwischen Arm und Oberkörper geklemmt, rieb sich die Hände und stapfte währenddessen im Schnee von einem Bein auf das andere. Der alte Mann musste doch erbärmlich frieren. Und außerdem, dass er an Weihnachten arbeiten musste! Da erfasste Vater Martin Mitleid und er klopfte gegen sein Fenster. Doch der alte Mann hörte ihn nicht. Also öffnete Vater Martin die Tür einen Spalt breit und rief dem alten Mann zu: „Hallo? He, Brüderchen?" Der Alte blickte erschrocken umher, da die Menschen ihn oft sehr unfreundlich behandelten. Doch Vater Martin lächelte ihn an und fragte: „Möchtest du eine Tasse Tee? Du siehst aus, als ob du gleich vor Kälte erstarrst." Der Straßenkehrer freute sich über das Angebot und trat mit einem verlegen gemurmelten

27

„Vergelt's Gott!" in die Werkstatt ein. „Das ist sehr gutherzig von dir, Väterchen, sehr gutherzig." Vater Martin gab ihm eine Tasse Tee: „Ach, das ist nicht der Erwähnung wert. Immerhin feiern wir heute Weihnachten." „Ach, Weihnachten! – Deine Gutherzigkeit ist mein einziges Geschenk zu Weihnachten." Der Straßenkehrer putzte sich die Nase. Er rückte näher an den Ofen. Während er dort so saß, dampften seine vom Schnee ganz feuchten Kleider und trockneten langsam. Als Vater Martin am Fenster stand und unruhig auf die Straße schaute, fragte der Straßenkehrer: „Du erwartest wohl Besuch? Mein Aufenthalt ist dir ungelegen, stimmt's?" Kopfschüttelnd antwortete Vater Martin: „Nein, nein … ähm … Sagt dir ‚Jesus' etwas?" „Du meinst Gottes Sohn?" „Ja! Er will mich heute besuchen." Daraufhin erzählte Vater Martin von den Geschehnissen der Nacht. Mit großen Augen stellte der Straßenkehrer seine Tasse ab und murmelte: „Was es nicht alles gibt!" Noch immer verdutzt fügt er, nun etwas lauter, hinzu: „Ich wünsche dir viel Glück! Vielen Dank für den Tee und dafür, dass ich mich hier aufwärmen durfte!" Dann verließ er die Werkstatt.

Die Wintersonne schien nun schwach am Himmel und ließ das Eis auf der Straße und am Fenster ein wenig tauen. Nun war es betriebsamer auf der Straße. Viele Leute nickten Vater Martin zu und wünschten ihm ein gesegnetes Weihnachtsfest, wenn sie an seiner Werkstatt vorübergingen. Auch wenn er freundlich zurücknickte, so wollte er doch nicht plaudern. Schließlich konnte Jesus jeden Moment an seiner Werkstatt vorbeigehen.

Als Vater Martin die Tür schließen wollte, fiel ihm eine Frau in zerlumpten Kleidern auf, die ein Kind auf ihrem Arm trug. Sie sah abgemagert und sehr erschöpft aus. Vater Martin rief ihr zu: „He! Wollt ihr hereinkommen und euch aufwärmen?" Die Frau blickte ihn verängstigt an und überlegte einen Augenblick, ob sie nicht lieber wegrennen sollte. Doch dann bemerkte sie die freundlichen Augen Vater Martins hinter der Brille. Während die junge Frau in Vater Martins Werkstatt eintrat, sagte sie: „Du bist ein guter Mensch!" Vater Martin fragte sie: „Musst du noch weit – mit dem Kind?" „Im nächsten Dorf wohnen meine Verwandten, die uns aufnehmen können. Doch das ist noch ein langer Weg, und ich habe keinen Mann", erwiderte sie leise.

Vater Martin freute sich über das kleine Kind und nahm es auf seinen Arm. „Wollt ihr mit mir essen?" Die Frau war stolz und schüttelte den Kopf. „Aber für den Kleinen mache ich schnell etwas Milch auf dem Herd warm. Mach dir keine Sorgen. Ich hatte selbst mal kleine Kinder", bot Vater Martin zwinkernd an. Das Kind lachte und strampelte mit seinen kleinen Beinchen. „Kinder, Kinder! Das Kind hat ja gar keine Schuhe", bemerkte Vater Martin. Die Frau sah ihn traurig an und sagte: „Wir haben zu wenig Geld und können uns keine leisten." Daraufhin dachte Vater Martin nach und kratzte sich am Hinterkopf. Dann nahm er die Schachtel mit den Schuhen vom Regal und dachte daran, wie seine Kinder in diesen Schuhen umhergelaufen sind. Er zog die Schuhe dem Kleinen an und sie passten ihm wie angegossen. Als Vater Martin das sah, schenkte er die Schuhe dem Kind. Die Frau fragte ihn glücklich: „Wie kann ich dir nur danken?"

Doch Vater Martin stand schon wieder erwartungsvoll an seinem Fenster. „Auf wen wartest du, Väterchen?" fragte die junge Frau. „Es ist Weihnachten. Da kam Jesus zur Welt", erwiderte Vater Martin. Die Frau nickte zustimmend. Da fuhr Vater Martin fort: „Jesus hat mir versprochen, mich heute zu besuchen." Er erzählte ihr von der letzten Nacht. Die Frau hörte ihm achtsam zu. Wenngleich sie dem Gesagten nicht ganz Glauben schenken konnte, so drückte sie doch voller Dankbarkeit Vater Martins Hand zum Abschied und sagte zu ihm:„Ich wünsche dir, dass er dich besucht. Du bist ein so guter Mensch." Nachdem der alte Mann die Tür hinter der Frau geschlossen hatte, setzte er einen Topf mit Suppe auf den Herd und stellte sich wieder an das Fenster.

Da stand er über Stunden. Viele Menschen liefen an seinem Fenster vorbei. Doch Jesus war nicht dabei. Plötzlich ergriff Vater Martin Angst. Was ist, wenn Jesus bereits vorbeigegangen ist und Vater Martin ihn nicht erkannt hatte? Er rannte zur Tür, riss sie auf und schaute sich die vorbeieilenden Menschen genau an. Doch nichts ... Jesus war nicht dabei.

Es wurde dunkel und so zündete Vater Martin seine Öllampe wieder an. Er setzte sich traurig in seinen Lehnstuhl und nahm das Buch mit dem braunen Ledereinband wieder zur Hand. Aber er konnte heute einfach nicht darin lesen. Seine Augen füllten sich mit Tränen, und er sagte: „Ich habe wohl doch nur geträumt. Dabei habe ich mich so auf den Besuch Jesu gefreut!"

Doch dann geschah etwas Merkwürdiges. Schatten tauchten vor ihm auf. Als Vater Martin genauer hinsah, meinte er den Straßenkehrer und die Frau mit dem Kind zu erkennen. „Hast du mich wirklich nicht erkannt", fragten sie ihn. „So sagt mir doch, wer ihr seid!" Dann sprach dieselbe Stimme wie in der Nacht zuvor: „Ich war hungrig und du hast mir Essen gegeben. Ich war durstig und du hast mir zu trinken gegeben. Ich bin ein Fremder gewesen, doch du hast mich aufgenommen! Ich bin nackt gewesen, doch du hast mir Kleidung gegeben. Wann immer du heute Menschen geholfen hast, hast du mir geholfen!" Nachdem die Stimme dies gesagt hatte, wurde es wieder still in der Werkstatt.

„Kinder, Kinder!" flüsterte Vater Martin und kratzte sich am Hinterkopf. „Aber dann hat mich Jesus doch wirklich besucht!" Vater Martin lächelte vor sich hin, und seine Augen leuchteten vor Glück hinter seiner Brille hervor.

Alle Jahre wieder ...

Alle Jahre wieder freuen wir uns auf Weihnachten, auf ein wenig Zeit mit unseren Lieben, mit unserer Familie und unseren Freunden, auf ein paar erholsame Tage zwischen den Jahren, auf diese ganz besondere Stimmung, wie sie nur der Weihnachtsabend zu verströmen scheint. Doch viel zu viele Jahre geschieht genau das Gegenteil: Seit Anfang September werden uns in Supermärkten Lebkuchen und Spekulatius angeboten, ab Mitte November beginnen dann die Weihnachtsfeiern, überall dieselben schönen, auf Dauer aber auch etwas nervigen Lieder; Kerzen, Sterne, Nikoläuse und Engel, soweit das Auge reicht. Gegen Ende der Vorbereitungszeit wächst dann der Druck, haben wir alle und auch die richtigen Geschenke? Haben wir an jeden gedacht, haben wir genug Essen für all die Feiertage? Hoffentlich wird uns Glühwein und Stollen nicht ausgehen! Allzu oft sind all unsere weihnachtlichen Gefühle dann leider schon dahin, bevor das Fest selbst begonnen hat.

Was aber bedeutet uns dieses Fest eigentlich? Was ist der Zauber der Weihnachtsnacht, jenseits von

Kitsch, Kommerz, Sentimentalität und Familienidyll? Das Geheimnis dieser Nacht ist nicht in Worte zu fassen, wir können uns ihm nur stammelnd nähern. Gott wird Mensch, damit wir Menschen zu Gott gelangen können. Der Himmel öffnet sich und bleibt von nun an offen. In einem kleinen Kind, in einem unbedeutenden Städtchen ganz am Rande des Römischen Reiches wird den Menschen die Hoffnung geboren. Gott kommt nicht in einem Palast als Sohn des Kaisers zur Welt, sondern wird von einer jungen jüdischen Frau geboren, deren Ehemann einfacher Handwerker ist. Gottes Wege sind anders, das Heil der Menschen wird da geboren, wo es die Menschen kaum erwartet hätten. In diesem Kind strahlt Hoffnung auf, gerade für die, denen die Hoffnung verloren zu gehen droht.

Thomas Karmann

Im Anfang war das Wort, und das Wort war bei Gott, und das Wort war Gott. Im Anfang war es bei Gott. Alles ist durch das Wort geworden, und ohne das Wort wurde nichts, was geworden ist. In ihm war das Leben, und das Leben war das Licht der Menschen. Und das Licht leuchtet in der Finsternis, und die Finsternis hat es nicht erfasst. (...) Das wahre Licht, das jeden Menschen erleuchtet, kam in die Welt. Er war in der Welt, und die Welt ist durch ihn geworden, aber die Welt erkannte ihn nicht. Er kam in sein Eigentum, aber die Seinen nahmen ihn nicht auf. Allen aber, die ihn aufnahmen, gab er Macht, Kinder Gottes zu werden, allen, die an seinen Namen glauben, die nicht aus dem Blut, nicht aus dem Willen des Fleisches, nicht aus dem Willen des Mannes, sondern aus Gott geboren sind. Und das Wort ist Fleisch geworden und hat unter uns gewohnt, und wir haben seine Herrlichkeit gesehen, die Herrlichkeit des einzigen Sohnes vom Vater, voll Gnade und Wahrheit. *(Joh 1,1-5.9-14)*

Fürchtet euch nicht, denn ich verkünde euch eine große Freude, die dem ganzen Volk zuteil werden soll: Heute ist euch in der Stadt Davids der Retter geboren; er ist der Messias, der Herr. Und das soll euch als Zeichen dienen: Ihr werdet ein Kind finden, das, in Windeln gewickelt, in einer Krippe liegt. *(Lk 2,10ff)*

Geschäfte mit der Religion?

Mit der Weihnachtsbotschaft, ihren religiösen Symbolen und Liedern wird Werbung für das Weihnachtsgeschäft gemacht. Religion oder religiöses Gefühl kann Balsam für die Seele des Menschen sein, die im Stress des Alltags zu ersticken droht oder verletzt worden ist.

Zeichen für die Vermarktung von Religion ist die Fülle der esoterischen Schriften, die in Buchhandlungen ausliegt. Dass Religion gefragt ist, zeigt sich auch in der Fülle der unterschiedlichen Angebote zur Meditation und Selbsterfahrung.

Jahr für Jahr erleben wir, dass am Weihnachtsfest unsere Kirchen gefüllt sind. Spielt das Suchen nach Religion dabei eine Rolle? Viele Menschen suchen zu Weihnachten Erhebung der Seele über den Alltag hinaus. Es ist etwas Gutes, wenn diese Sehnsucht in unseren Weihnachtsgottesdiensten ein wenig Erfüllung finden kann.

Das Weihnachtsfest erschöpft sich allerdings nicht in einem oberflächlichen Angebot an Religion. Diese Art des Religiösen ist letztlich ohne Profil und ohne Verbindlichkeit. Das Weihnachtsfest ist ein Zeugnis für das Profil und die Verbindlichkeit des Christlichen. Gott verbleibt nicht in zurückhaltender Unverbindlichkeit. Er handelt verbindlich, indem sein eigener Sohn Mensch wird. Das verbindet Gott unauflöslich mit den Menschen. Gott zeigt sein Profil in Jesus Christus.

Das Weihnachtsfest lädt uns ein, auf die Verbindlichkeit Gottes zu antworten mit dem Bekenntnis unseres Glaubens, den menschgewordenen Sohn Gottes.

Bischof em. Reinhard Lettmann

Christus ist immer im Kommen.
Das Licht der Weihnacht will an allen Tagen des Jahres seine Strahlen in unser Leben werfen, um es hell und froh zu machen.

Friedrich Kardinal Wetter, München-Freising

Alles hat seine Zeit. Advent ist im Dezember.

Kampagne der EKD seit 2004

Im Grunde sind es immer die Verbindungen mit Menschen, die dem Leben seinen Wert geben.

Wilhelm von Humboldt

Mach es wir Gott: werde Mensch!

Der Geburtstag des Herrn
ist der Geburstag des Friedens.

Leo der Große

Gottes Sohn ward Mensch,
damit der Mensch Heimat habe in Gott.

Hildegard von Bingen

Bei einer Kerze ist nicht das Wachs wichtig,
sondern das Licht.

Antoine de Saint-Exupéry

- ❏ Ferien
- ❏ Cholesterin
- ❏ Jesu Auferstehung
- ❏ Langeweile mit der Familie

Ostern

Ostern – das ist Aufbruch zu neuem Leben.
Ostereier im Nest.
Knospen an Büschen und Sträuchern.
Osterglocken in Wiesen und Kirchtürmen:
Verheißung zur Freude am Leben.

Clemens Stroetmann

Alles wird sich verändern

Auf einem großen, gelb blühenden Strauch kroch gemächlich eine Raupe. Das Grün der Blätter war verlockend. Gerade als sie in ein dickes, saftiges Blatt hineinbeißen wollte, landete ein Schmetterling direkt neben ihr.

Der Schmetterling wandte sich der Raupe zu und sagte zu ihr: „Du arme Raupe! Früher musste ich mich auch so plagen wie du."

Die Raupe schaute ihn argwöhnisch an. Was will dieser Verrückte? Also, ich werde auf keinen Fall etwas von diesem leckeren Blatt abgeben. Die Raupe fraß nun schneller.

„Wie gern hab ich saftige Blätter gefressen", berichtete der Schmetterling.

„Aha", dachte sich die Raupe.

„Würdest du ...", setzte der Schmetterling an. Doch die Raupe unterbrach ihn: „Nein, das kannst du gleich wieder vergessen. Ich teile mein Blatt bestimmt nicht. Such dir ein eigenes. Und jetzt verschwinde, ich will in Ruhe weiterfressen."

Der Schmetterling blickt die Raupe ganz verwundert an: „Das ist ein Missverständnis. Dein Blatt interessiert mich nicht. Ich möchte dir von mir erzählen, damit du weißt, dass sich alles für dich verändern wird, das Kriechen, das Fressen. Du wirst alles anders wahrnehmen. Alles riecht anders, schmeckt anders und fühlt sich auch anders an.

Das weiß ich, weil auch ich mich auf der Suche nach dem frischesten Grün abmühte. Keine Anstrengung war mir zuviel, das Fressen war mein Leben. Aber es kam ein Tag, an dem sich alles für mich änderte. Zuerst fraß ich nicht mehr. Dann zog ich mich in einen dunklen Kokon zurück. Als ich zurück ans Licht durfte, hatte sich mein Leben verändert.

Jetzt fliege ich mühelos über all das Grün und verstehe die Duftsprache der Blüten, von der ich zuvor nicht einmal wusste, dass sie existiert. Meine einzige Nahrung ist der Nektar der Blüten. Meine neue Welt ist ein einziger Rausch von Duft und Farben und Süße. Deine Vorfreude auf dieses neue Erleben kann nicht groß genug sein. Das sollst du wissen."

Die Raupe hatte ihr Blatt mittlerweile verspeist und widmete sich ohne das Anzeichen irgendeiner Regung dem nächsten. „Duft, Farben, Süße, Rausch? Es war mir gleich klar, ein Verrückter."

Das helle Licht des Ostermorgens

An einem Freitag kurz vor dem Pesachfest, wahrscheinlich am 14. Nisan des Jahres 30, wurde ein Jude aus Galiläa namens Jeschua ha-Nosri in Jerusalem vom römischen Statthalter zum Tode verurteilt. Soldaten geißelten ihn, führten ihn vor die Stadt und kreuzigten ihn. Wenige Stunden später war der Mann aus Nazaret tot. Seine Jünger waren größtenteils bereits bei seiner Verhaftung geflohen. Jesus und seine Botschaft schienen gescheitert, alle Hoffnungen, die in ihn gesetzt worden waren, schienen vergebens. – Nur wenige Tage später kommen seine Jünger jedoch wieder zusammen, sie haben keine Angst mehr, sie sind ihrem gekreuzigten Meister begegnet. Gott hat diesen Jesus, der als Verbrecher hingerichtet worden war, nicht im Tod gelassen, er hat ihn auferweckt. Mit dieser Botschaft, mit dieser Hoffnung wenden sie sich von nun an an die Menschen.

Fast zwei Jahrtausende später erinnern sich alljährlich immer noch Milliarden Menschen auf der ganzen Erde an diese letzten Tage Jesu in Jerusalem, am Gründonnerstag gedenken sie seines letzten Mahles

und seiner Verhaftung, am Karfreitag seiner Verur-
teilung und seines Todes, und am Karsamstag
schließlich seiner Grabesruhe. Die ersten Sonnen-
strahlen des Ostermorgens erinnern Christen in
allen Ländern schließlich an seine Auferstehung,
schenken Hoffnung: Gott ist in dem Juden Jesus aus
Nazaret Mensch geworden, Gott geht in diesem
Jesus den Weg des Menschen bis zum Ende, bis zum
Tod, bis zum Tod am Kreuz. Aber die Dunkelheit
des Karfreitags ist nicht der Endpunkt, das helle
Licht des Ostermorgens zeigt einen neuen Anfang
Gottes mit den Menschen. Der Schmerz, das Leid,
der Tod, das Elend dieser Welt hat nicht das letzte
Wort, Gott hat das letzte Wort: „Halleluja, Jesus
lebt!"

Thomas Karmann

Als der Sabbat vorüber war, kauften Maria aus Mag-
dala, Maria, die Mutter des Jakobus, und Salome
wohlriechende Öle, um damit zum Grab zu gehen
und Jesus zu salben. Am ersten Tag der Woche
kamen sie in aller Frühe zum Grab, als eben die

Sonne aufging. Sie sagten zueinander: Wer könnte uns den Stein vom Eingang des Grabes wegwälzen? Doch als sie hinblickten, sahen sie, dass der Stein schon weggewälzt war; er war sehr groß. Sie gingen in das Grab hinein und sahen auf der rechten Seite einen jungen Mann sitzen, der mit einem weißen Gewand bekleidet war; da erschraken sie sehr. Er aber sagte zu ihnen: Erschreckt nicht! Ihr sucht Jesus von Nazaret, den Gekreuzigten. Er ist auferstanden; er ist nicht hier. Seht, da ist die Stelle, wo man ihn hingelegt hatte. *(Mk 16,1-6)*

Ostern

Die Botschaft von der Auferstehung ist die Mitte des christlichen Glaubens und der christlichen Verkündigung. Das macht Paulus deutlich im Brief an die Korinther:
„Denn vor allem habe ich euch überliefert, was auch ich empfangen habe:
Christus ist für unsere Sünden gestorben, gemäß der Schrift, und ist begraben worden. Er ist am dritten

Tage auferweckt worden, gemäß der Schrift, und erschien dem Kephas, dann den Zwölf." (1 Kor 15,3-5) Paulus weiß, wie unglaublich diese Botschaft ist. Als er sie auf dem Areopag in Athen verkündete, „spotteten die einen, andere aber sagten: Darüber wollen wir dich ein andermal hören" (Apg 17,32)

Paulus weiß um den Einwand: „Eine Auferstehung von den Toten gibt es nicht." Wenn dies gilt, hat das entscheidende Konsequenzen: „Wenn Tote nicht auferweckt werden, ist auch Christus nicht auferweckt worden. Wenn aber Christus nicht auferweckt worden ist, dann ist euer Glaube nutzlos" (1 Kor 15,16-17).

„Nun aber ist Christus von den Toten auferweckt worden" (1 Kor 15,20).

Der Glaube an die Auferstehung Jesu Christi von den Toten lässt Paulus ausrufen:

„Verschlungen ist der Tod vom Sieg.

Tod, wo ist dein Sieg?

Tod, wo ist dein Stachel?"

(1 Kor 15,54-55)

„Ich glaube an die Auferstehung der Toten und das ewige Leben". Das ist die Botschaft.

Der Ostertag ist der Tag der Auferstehung des Herrn. Es ist der Tag des Lebens. Die Sonne des lebendigen

Herrn leuchtet in die Schöpfung, in die Geschichte und in unser eigenes Leben hinein. Die Sonne dieses Tages, das Licht des auferstandenen Herrn, leuchtet in alle Dunkelheit der Welt hinein. Der auferstandene Herr, der die Schöpfung und den Menschen zum Vater führt, ist der Garant dafür, dass die Schöpfung nicht in das Dunkel des Chaos zurückfällt.

Vom auferstandenen Herrn fällt Licht in unsere Geschichte . Sie hat Sinn, weil sie ihrem Ziel entgegengeht. Der auferstandene Herr macht unsere menschliche Geschichte zur Heilsgeschichte.

Die Sonne des Auferstandenen fällt auch in die Geschichte unseres eigenen Lebens. Sie lädt uns ein, neu aufzubrechen, einen neuen Exodus zu wagen, dem im auferstandenen Herrn uns aufleuchtenden Ziel entgegen.

Bischof em. Reinhard Lettmann

Drei Männer schleppen sich durch den Wüstensand. Sie haben die Orientierung verloren, sind am Verdursten. Da sieht einer die Umrisse einer Oase und sagt vollkommen erschöpft: „Das kann nur eine Sinnestäuschung sein." Nach diesen Worten fällt er in den Sand. Sein Begleiter kämpft sich weiter und erblickt nun auch die Oase. Er hört sogar das Plätschern des Wassers und ruft: „Gott! Warum verhöhnst du uns durch diese Fata Morgana?" Daraufhin bricht er zusammen.

Als am Tag darauf Beduinen am Rand der Oase ankommen, finden sie die zwei toten Männer. Sie wundern sich darüber, dass die Männer die letzten Meter zum Wasser nicht mehr geschafft haben. Einer der Beduinen bückt sich und nimmt die Pässe der Männer. Nachdem er hineingeschaut hatte, sagt er: „Ah! Alles klar! Zwei aufgeklärte Europäer, die nicht einmal glauben, was sie mit eigenen Augen sehen."

In einer rabbinischen Erzählung fragt jemand einen Rabbi: „Warum wählte Gott einen Dornbusch, um aus ihm mit Mose zu reden?" Der Rabbi antwortete: „Hätte er irgendeinen anderen Baum gewählt, so würdest du die gleiche Frage gestellt haben. Es gibt auf Erden keinen Platz, an dem Gott nicht anwesend ist. Nicht einmal einen Dornbusch."
Ex 3,1-14

Pfingsten

Der Geist weht, wo er will.
Besonders an Pfingsten.
Manchmal auch in Kirchen und Kathedralen.
Aber wo nimmt er Wohnung?
Schaffen wir ihm Platz in unseren Herzen und Köpfen!
Dann werden wir bewegt und können andere bewegen.

Clemens Stroetmann

Der Wind

Ein sehr junger Schmetterling mit wunderschönen Flügeln wollte das Loch in der Mauer einer Heuscheune nicht verlassen. Die anderen Schmetterlinge spreizten ihre Flügel aus und flogen an ihm vorbei, der Wind trug sie, und sie haben vom Nektar der Blumen getrunken.

Doch der junge Schmetterling hatte Angst davor, seine Flügel zu öffnen und loszufliegen. Die Bienen summten um ihn herum, eine dicke Hummel brummte direkt neben ihm durch die Luft, und ein Marienkäfer landete kurz neben ihm, nur um sich dann direkt vom Wind zur nächsten Blüte tragen zu lassen.

Trotzdem wollte der junge Schmetterling noch immer nicht fliegen. Seine Flügel zitterten vor Angst, und mit seinen Beinen klammerte er sich an die Mauer. Aber dann kam der Wind. Er nahm den schönen, jungen Schmetterling einfach und trug ihn hoch in die Luft. Nun musste der Schmetterling fliegen. Er konnte auf einmal fliegen! Und nicht nur das: Er wollte nur noch fliegen und fliegen und fliegen! Ach, war das herrlich!

Pfingsten, das liebliche Fest ...

Glaubt man aktuellen Umfragen, so weiß nur noch jeder Zweite, was es mit dem Pfingstfest auf sich hat. Für viele Menschen ist mit Pfingsten nichts anderes als die Hoffnung auf ein verlängertes Wochenende bei Sonnenschein und angenehmen Temperaturen verbunden, für Christen ist es hingegen das dritte große Fest im Jahr neben Ostern und Weihnachten.

Mit dem Tod Jesu verloren seine Jünger zunächst alle Hoffnung, die sie in den Mann aus Nazaret gesetzt hatten. Doch die Auferstehung Christi an Ostern ließ sie neuen Mut fassen. Sie trafen sich wieder und konnten sich über die Begegnung mit dem Auferstandenen freuen. Diese Erscheinungen endeten jedoch mit der Himmelfahrt Christi. Doch dann erfuhren sie die Nähe Gottes durch ein Ereignis, das sie verwandelte, der Heilige Geist kam auf die Jünger Jesu herab, aus einer ängstlichen Schar wurden plötzlich mutige Menschen, die offen von ihrem Glauben und ihrer Hoffnung sprachen. An Pfingsten gedenken wir der Ausgießung des Heiligen Geistes über die Jünger Jesu und feiern gleichsam den Geburtstag der Kirche.

Im Heiligen Geist ist Gott bei allen, die an ihn glauben, in ihm ist zu spüren, dass Gott die Menschen nicht allein lässt. Der Geist hebt all das auf, was Menschen trennt, er bringt völlig unterschiedliche Menschen zusammen, er weckt ihre Begabungen und begeistert sie für die Sache Jesu. Der Geist Gottes ist es, der uns und diese Welt verändern und erneuern wird. „Sende aus deinen Geist, und das Antlitz der Erde wird neu!"

Thomas Karmann

Als der Pfingsttag gekommen war, befanden sich alle am gleichen Ort. Da kam plötzlich vom Himmel her ein Brausen, wie wenn ein heftiger Sturm daherfährt, und erfüllte das ganze Haus, in dem sie waren. Und es erschienen ihnen Zungen wie von Feuer, die sich verteilten; auf jeden von ihnen ließ sich eine nieder. Alle wurden mit dem Heiligen Geist erfüllt und begannen, in fremden Sprachen zu reden, wie es der Geist ihnen eingab. *(Apg 2,1-4)*

Im Korb des Herzens

Hildegard von Bingen bringt in einem ihrer Briefe das Bild vom Korb des Herzens. Das führt uns zur Frage: Was sammeln wir im Korb unseres Herzens? Es gibt viele schöne und gute Erlebnisse, Erkenntnisse und Erfahrungen, die wir im Korb des Herzens sammeln und als gute Erinnerungen mit uns tragen. Von Maria heißt es im Evangelium: Sie „bewahrte alles, was geschehen war, in ihrem Herzen" (Lk 2,51).

Aber auch anderes kann den Korb des Herzens füllen. Hildegard weiß darum. Sie rät: „Sammle keinen Überdruss im Korb deines Herzens."

Überdruss: Das bedeutet: es schmeckt uns nicht mehr. Wir haben es satt. Wir sind es leid. Es hängt uns zum Halse heraus. Wir empfinden sogar Ekel davor.

Was kann uns zum Überdruss werden? Vielleicht unsere Arbeit, ständig gleich bleibend, wie sie der Alltag verlangt? Vielleicht manche Menschen, mit denen wir zusammenleben oder mit denen wir zu tun haben. Immer die gleichen Klagen, immer die gleichen Anforderungen! Überdruss! Man kann auch der Kirche überdrüssig werden. Vielleicht auch sogar Gottes?

Der Apostel Paulus spricht von der Not, die in der Provinz Asien über ihn kam und die ihn sehr bedrückte. Seine Kraft war am Ende, so sehr, dass er sogar des Lebens überdrüssig war (vgl. 2 Kor 1,8).

„Sammle keinen Überdruss im Korb deines Herzens."

Wir können es nicht verhindern, dass mancher Verdruss in den Korb unseres Herzens fällt. Sammeln ist jedoch etwas anderes. Sammeln geschieht bewusst. Wer Überdruss sammelt, sieht in jeder Suppe das Haar. Er findet überall Grund, sich zu ärgern. Doch wenn allzu viel Überdruss im Korb unseres Herzens gesammelt ist, wird er allzu schwer, und wir können ihn nicht mehr tragen. Wenn wir spüren, dass sich Verdruss oder gar Überdruss im Korb unseres Herzens ansammelt, ist es Zeit, ihn umzudrehen und Verdruss und Überdruss auszuschütten. Doch geht das so leicht? Was rät uns Hildegard als erfahrene Äbtissin? Sie kennt den Alltag, ihren Alltag, überschattet von häufigen Krankheiten. Sie kennt das Zusammenleben der Menschen. Hildegard rät: „Schau auf Gott im reinsten Quell und sage einfach: „Mein Gott, hilf mir!"

Ein reiner Quell kann nicht zum Überdruss werden. Sein klares, frisches Wasser zieht an und erfrischt immer wieder neu. So ist Gott.

Wir dürfen in diesem Zusammenhang an die Erfahrung des Beters der Psalmen denken: „Wie der Hirsch lechzt nach frischem Wasser, so lechzt meine Seele, Gott, nach dir. Meine Seele dürstet nach Gott, nach dem lebendigen Gott. Wann darf ich kommen und Gottes Antlitz schauen?" (PS 42,2-3)

Wir können einander helfen, den Korb des Herzens mit guten Erinnerungen zu füllen.

Bischof em. Reinhard Lettmann

Pfingsten, das liebliche Fest, war gekommen; es grünten und blühten Feld und Wald; auf Hügeln und Höhn, in Büschen und Hecken übten ein fröhliches Lied die neu ermunterten Vögel.

Johann Wolfgang von Goethe

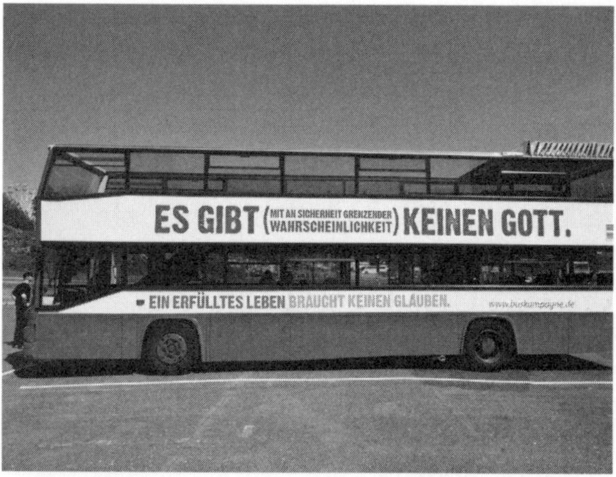
ES GIBT (MIT AN SICHERHEIT GRENZENDER WAHRSCHEINLICHKEIT) KEINEN GOTT.
EIN ERFÜLLTES LEBEN BRAUCHT KEINEN GLAUBEN.
www.buskampagne.de

Und wenn es ihn doch gibt...
Gottkennen.de

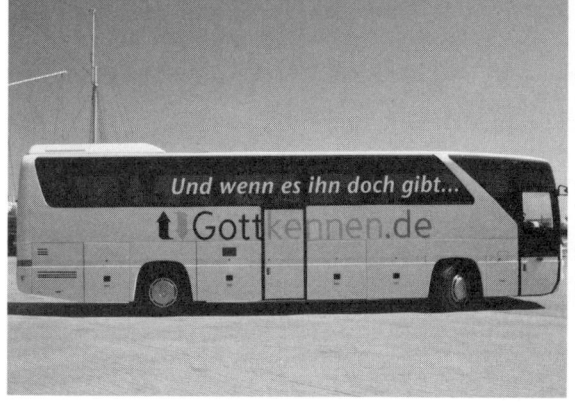

Glaubensbekenntnis

Es gibt keinen Gott!
Und wenn es ihn doch gibt?

Die drei Schwestern

Drei sehr fromme Schwestern lebten zusammen in einem Haus. Es war ein sehr friedvolles Miteinander. Doch eines Tages, ohne jedwede Vorwarnung, haben zwei von ihnen heftig miteinander gestritten. Es ging darum, welche Weise die richtige sei, seinem Glauben Ausdruck zu verleihen.

Die jüngste Schwester saß am liebsten vor Bildern, die Jesus, Maria oder einen anderen Heiligen abbildeten. Dann zündete sie Kerzen an und sang voller Inbrunst alte Lieder. Die Verehrung des Heiligen Geistes war ihr besonders wichtig.

Die mittlere Schwester war rationaler. Die jüngere Schwester war in ihren Augen eine Schwärmerin. Der Empfang der Sakramente und die Verehrung Jesu in der Eucharistie standen bei ihr im Mittelpunkt. Der Glaube musste für sie genau fixiert sein. Den Ansichten widersprach nun die älteste Schwester: „Was rennst du jeden Morgen in die Messe? Denkst du, dass du dir den Himmel verdienen kannst? Setz dich lieber in deinen Sessel und lies in der Bibel! Das Wort Gottes ist doch das Entscheidende. Und deine Heiligenverehrung, kleine

Schwester, die lenkt doch nur ab! Gott ist das Wesentliche! Ihn allein sollst du anbeten."

Die drei Schwestern konnten sich nicht einigen. Sie stritten sich noch über Jahre, Jahrzehnte, ja ganze Jahrhunderte. So glaubten immer weniger Menschen an Gott, wenn sich die Schwestern schon nicht einig waren...

In letzter Zeit allerdings, ganz langsam natürlich, stritten sie immer weniger. Sie näherten sich einander an, da sie zu begreifen begannen, dass Gott viel mehr ist als ihre jeweilige Auffassungen. Keine von ihnen kann allein die Wahrheit besitzen. Nun lernen sie auch voneinander.

Dieser Lernprozess dauert bis heute an. Irgendwann werden sie sich ihre Unterschiede verzeihen können. Durch ihre dann neu gewonnene Eintracht werden sie wieder viele Menschen zum Glauben führen.

Woran glauben wir Christen eigentlich?

Was ist das Fundament unseres Glaubens? Eine erste und grundlegende Antwort auf diese Frage findet sich im Glaubensbekenntnis. Im westlichen Christentum sind heute vor allem zwei solche Grundtexte des Glaubens gebräuchlich: Das Apostolische Glaubensbekenntnis und das Große Glaubensbekenntnis. Beide Texte gehen auf die Frühzeit der Kirche zurück, ihr ursprünglicher Ort war und ist die Feier der Taufe. Später fanden Glaubensbekenntnisse dann aber auch Eingang in die sonntägliche Eucharistiefeier. Das Große Glaubensbekenntnis geht auf die beiden ersten großen Kirchenversammlungen, die ökumenischen Konzilien von Nizäa im Jahre 325 und Konstantinopel im Jahre 381 zurück. Dieses Bekenntnis ist heute, obgleich es zu seiner Entstehungszeit äußerst umstritten war und einige seiner Formulierungen für moderne Menschen oft schwer verständlich sind, einer der wenigen Texte, der alle großen Konfessionen miteinander verbindet.

Die beiden angesprochenen Bekenntnistexte beinhalten die Grundüberzeugungen des Christentums, allen voran den Glauben an den einen und dreifaltigen Gott. Das Christentum ist wie das Judentum und der Islam eine monotheistische Religion, Christen glauben an einen einzigen Gott. Das Spezifikum christlichen Glaubens ist aber, dass dieser Gott als ein Wesen in drei Personen bekannt wird. Christen glauben also an Gott als Vater, Sohn und Heiliger Geist. Gott ist für uns Christen die Liebe, er hat den Menschen und diese Welt geschaffen, er ist in Jesus Christus Mensch geworden, gestorben und auferstanden, um den Menschen und diese Welt zu erlösen, und er wird den Menschen und diese Welt vollenden.

Thomas Karmann

Das Apostolische Glaubensbekenntnis

Ich glaube an Gott,
den Vater, den Allmächtigen,
den Schöpfer des Himmels und der Erde,
und an Jesus Christus,
seinen eingeborenen Sohn, unsern Herrn,
empfangen durch den Heiligen Geist,
geboren von der Jungfrau Maria,
gelitten unter Pontius Pilatus,
gekreuzigt, gestorben und begraben,
hinabgestiegen in das Reich des Todes,
am dritten Tage auferstanden von den Toten,
aufgefahren in den Himmel;
er sitzt zur Rechten Gottes, des allmächtigen Vaters;
von dort wird er kommen,
zu richten die Lebenden und die Toten.
Ich glaube an den Heiligen Geist,
die heilige katholische Kirche,
Gemeinschaft der Heiligen,
Vergebung der Sünden,
Auferstehung der Toten
und das ewige Leben. Amen.

Das Große Glaubensbekenntnis

Wir glauben an den einen Gott,
den Vater, den Allmächtigen,
der alles geschaffen hat,
Himmel und Erde,
die sichtbare und die unsichtbare Welt.
Und an den einen Herrn Jesus Christus,
Gottes eingeborenen Sohn,
aus dem Vater geboren vor aller Zeit:
Gott von Gott,
Licht vom Licht,
wahrer Gott vom wahren Gott,
gezeugt, nicht geschaffen,
eines Wesens mit dem Vater:
durch ihn ist alles geschaffen.
Für uns Menschen und zu unserem Heil ist er vom
Himmel gekommen,
hat Fleisch angenommen durch den Heiligen Geist
von der Jungfrau Maria und ist Mensch geworden.
Er wurde für uns gekreuzigt unter Pontius Pilatus,
hat gelitten und ist begraben worden,
ist am dritten Tage auferstanden nach der Schrift
und aufgefahren in den Himmel.

Er sitzt zur Rechten des Vaters und wird wiederkommen in Herrlichkeit,
zu richten die Lebenden und die Toten;
seiner Herrschaft wird kein Ende sein.
Wir glauben an den Heiligen Geist,
der Herr ist und lebendig macht,
der aus dem Vater (und dem Sohn) hervorgeht,
der mit dem Vater und dem Sohn angebetet und verherrlicht wird,
der gesprochen hat durch die Propheten;
und die eine, heilige, katholische und apostolische Kirche.
Wir bekennen die eine Taufe zur Vergebung der Sünden.
Wir erwarten die Auferstehung der Toten und das Leben der kommenden Welt. Amen.

Glaube

Zunächst geht es um das rechte Glaubensverständnis. Zur Grundhaltung des Glaubens gehört mehr als ein Fürwahrhalten, was Gott geoffenbart hat. Zu den Glaubensinhalten muss der Glaubensvollzug, das Leben aus dem Glauben kommen. Es geht um die täglich gelebte persönliche Beziehung zu Gott und das Vertrauen in seine Führung. Das lateinische Wort CREDO – ich glaube, lässt sich ableiten von COR.-DO – ich gebe mein Herz. Glauben ist Ja-Sagen zu Gott, der sich mir in Jesus Christus zuwendet, der auf mich zugeht, mich anruft und mich einlädt. Das geschieht nicht nur in der Kirche und beim Beten, sondern auch in all unseren Lebensbereichen.

Der Glaube ist nicht etwas, was zusätzlich zu unserem Leben kommt, sondern eine Lebenseinstellung. Zucker legt man nicht neben den Kaffee oder den Tee, sondern man gibt ihn in die Tasse hinein. Erst dann wird alles süß. So ähnlich ist es mit unserem Glauben. Er muss den Alltag durchdringen, nicht nur umrahmen. Im Vertrauensverhältnis zu Gott gewinnt der Alltag eine neue Qualität: Familie, Berufsleben, Freundschaften und Hobbys, Lebenslasten und kleine Freuden.

In Jesus Christus ist die Güte und Menschenfreundlichkeit Gottes erschienen. Sein Denken und Handeln bezeugen das. Er macht Kranke gesund, schenkt Blinden das Augenlicht, heilt Gelähmte und schenkt den Bedrückten Mut und Zuversicht. Er hält und trägt uns, auch wenn wir es nicht spüren.

Weder Kreuz noch Tod haben das letzte Wort über Jesus Christus. Er ist auferstanden und schenkt uns österlich bleibendes Leben. Zu diesem Ostergeheimnis bekennen wir uns, wenn wir beten: „Ich glaube an die Auferstehung der Toten und das ewige Leben."

Ob der Glaube wirklich im Leben und im Sterben hält und trägt, das wissen wir erst, wenn wir den Sprung auf Jesus hin gewagt haben. Denken wir an das Bild eines Fallschirmspringers. Er muss zuerst ein Stück weit fallen, bis sich der Schirm öffnet. So können wir im Glauben vielleicht zunächst ein ähnliches Gefühl haben: Da ist keiner, der mich auffängt. Es braucht Vertrauensvorschuss, bis wir dann spüren, dass uns aus dem Glauben innerer Friede, Trost und Kraft zuwachsen.

Hans Jürgen Vogelpohl

Zur Frage der Glaubwürdigkeit: ich vermag alles zu glauben, vorausgesetzt, dass es ganz unglaubwürdig erscheint.

Oscar Wilde

Glaube ist die Fähigkeit, hinter allem Gott zu sehen.

Oswald Chambers

Entweder Gott ist, oder er ist nicht. Worauf wollen Sie setzen?

Blaise Pascal

Ich glaube, um zu verstehen.

Anselm von Canterbury

Göttlicher Dieb

„Euer Gott ist ein Dieb", sprach der Kaiser zu Rabbi Gamaliel. „Er raubte Adam eine Rippe."

Der Rabbi ging betrübt nach Hause. „Lass mich zu ihm gehen", sprach seine Tochter. „Ich will ihm antworten."

„Gebt mir einen Offizier!" sprach das Mädchen zum Kaiser. „Heute Nacht wurde bei uns eingebrochen. Man stahl uns einen silbernen Krug und stellte dafür einen goldenen ab."

Der Kaiser lachte: „Solche Diebe lobe ich mir. Sie dürften jede Nacht zu mir kommen."

Die Augen des Mädchens blitzen: „Seht Imperator, so ein Dieb ist unser Gott: Er stahl Adam eine Rippe und schenkte ihm dafür ein Geschöpf, das ihn liebt und erfreut."

Jüdische Legende

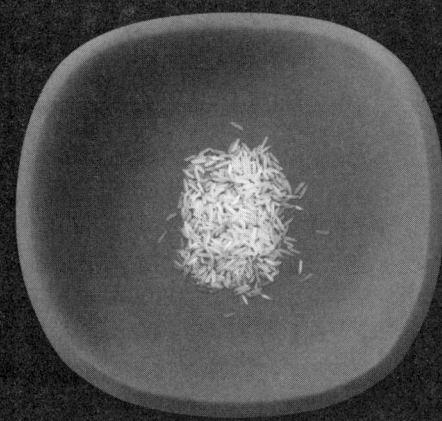

Vater Unser

Unser tägliches Brot gib uns heute.

Ein weiser Mann

Ein König saß auf seinem Thron und langweilte sich. Da trat ein Diener ein und erzählte ihm von einem weisen Mann, der vor den Toren der Stadt leben solle und große Dinge täte. Das machte den König neugierig und so schickte er dem weisen Mann einen Edelstein. Der König sagte dem Boten, er solle dem Mann folgende Worte sagen: „Man erzählt sich, dass Gott dich reich bedacht hätte. Also wird es für dich kein Problem sein, meinen Boten reicher beschenkt zu mir zurückzusenden, als er zu dir kam."

Doch als der Bote zum König ankam, war nicht das Vermutete eingetreten. Denn er brachte keineswegs viele Edelsteine mit. Er stellte sich vor seinen König und sprach das Gebet, das der weise Mann ihm mitgegeben hatte.

Das erboste den König. Voller Zorn schickte er den Boten erneut aus. Der Weise solle vor seinen Thron treten.

Als der weise Mann nun vor dem König stand, blitzten die Augen des Königs vor Wut und er sagte zu dem Weisen: „Wie kannst du es wagen? Ich habe dir meinen größten Schatz gesandt. Und du? Was hast du gemacht? Du hast mich mit deinem leeren Ge- schwätz abgespeist!"

Der Weise aber antwortete: „Was ist wertvoller: Deine Gabe muss man behüten. Was ich dir aber sandte, das wird dich behüten."

Der Nachteil des Himmels besteht darin, dass man die gewohnte Gesellschaft vermissen wird.

Mark Twain

Niemand isst für sich allein.
Eine Kampagne der Aktion Brot für die Welt

Wenn es Brot regnen wollte,
würde der Himmel mit Teig bewölkt sein.
Aus Arabien

Vater unser im Himmel

Vater unser im Himmel,
geheiligt werde Dein Name.
Dein Reich komme.
Dein Wille geschehe,
wie im Himmel so auf Erden.
Unser tägliches Brot gib uns heute.
Und vergib uns unsere Schuld,
wie auch wir vergeben unseren Schuldigern.
Und führe uns nicht in Versuchung,
sondern erlöse uns von dem Bösen.
Denn Dein ist das Reich und die Kraft und die Herr-
lichkeit in Ewigkeit.
Amen.

Das Gebet des Herrn

Das Vaterunser ist das bekannteste und das meist
verbreiteteste Gebet des Christentums. Seine besondere Bedeutung besteht darin, dass es laut dem

Neuen Testament direkt auf Worte Jesu zurückgeht, mit denen dieser seine Jünger zu beten lehrte. Noch heute beten viele Millionen Menschen überall auf der Welt täglich mit genau diesen Worten zu Gott. Das Vaterunser verbindet Christen aller Konfessionen miteinander, viele Formulierungen dieses Gebets zeigen gleichzeitig aber auch die enge Verbindung des Christentums zum Judentum. Bereits in der Frühzeit der Christenheit wurde das Vaterunser regelmäßig, das heißt meist dreimal am Tag, gebetet, und zwar sowohl im gemeinsamen Gottesdienst der Gemeinde wie auch im persönlichen Gebet des Einzelnen.

Der frühchristliche Theologe Tertullian bezeichnet das Vaterunser als „Zusammenfassung des ganzen Evangeliums", und tatsächlich weist das Herrengebet überall deutliche Bezüge zur Verkündigung und zum Geschick Jesu auf: Gott wird beispielsweise als Vater angesprochen, mit dieser Anrede wandte sich Jesus auch in schwerster Not an Gott. Gott ist laut den Gleichnissen Jesu der barmherzige Vater, der den schon verloren geglaubten Sohn in die Arme schließt. Voll Ehrfurcht wird Gott im Vaterunser bei diesem Namen genannt. Zu diesem Vater wird gerufen, er möge sein Reich anbrechen lassen. Damit

ist die zentrale Botschaft Jesu angesprochen, näm-
lich die nahe gekommene Herrschaft Gottes, welche zu Umkehr und Glaube ruft. Hinwendung zu
Gott bedeutet aber, nach dem Willen Gottes zu fragen und ihm gehorsam zu sein in der Hoffnung, dass
sich dieser Wille überall durchsetzen werde. In dem
Wissen, ganz auf die Barmherzigkeit Gottes ange-
wiesen zu sein, wird im Vaterunser um die Vergebung aller Schuld gebetet. Diese Barmherzigkeit
Gottes hat Jesus durch seine Hinwendung zu den
Ausgestoßenen, zu den Verachteten, zu den Sün-
dern immer wieder deutlich gemacht. Vergebung
setzt nach Jesus aber voraus, selbst auch bereit zur
Vergebung zu sein.

Thomas Karmann

Vaterunser

Das Gebet, das die Christen am meisten verbindet,
ist sicherlich das Vaterunser. Es ist das Gebet, das
Jesus uns selbst gelehrt hat. In den 7 Bitten des Va-

terunsers sammelt sich die Weite unseres Lebens, wie das Licht der Sonne sich in den 7 Farben des Regenbogens spiegelt. Die ersten drei Bitten lehren uns, das große Ziel im Auge zu behalten: Heiligung des Namens Gottes, das Kommen seines Reiches und die Erfüllung seines Willens. In den letzten 3 Bitten geht es um die Grundfragen unseres Lebens: um Schuld, um Versuchung und Erlösung. In der Mitte steht die Bitte um das tägliche Brot. Das Wort Jesu: „Bittet, dann wird euch gegeben; klopft an, dann wird euch geöffnet" dürfen wir gerade in Verbindung mit dem Vaterunser sehen.

Im Vaterunser haben wir den Schlüssel für viele Fragen unseres Lebens. Wie in einem Brennglas verdichtet sich hier unser Glaube. Wir sagen „Vater unser". Mit dem Wort „unser" ist schon die Verbindung zum zweiten Teil des Vaterunsers gegeben. Gott ist nicht allein „mein Vater". Wir können zu Gott nicht beten an den Menschen vorbei. Keiner hat ihn nur für sich allein privat, sondern wir haben ihn nur gemeinsam.

Wenn wir erst Gott zur Sprache kommen lassen, können wir auch den zweiten Teil des Vaterunsers ehrlicher beten. Denn wir Menschen finden nur zu uns selbst, wenn wir unser Dasein von Gott her verstehen. Im Vaterunser setzt Gott die Maßstäbe. Wer sich von seinem Reich und seinem Willen bestimmen lässt, der gelangt zur Mündigkeit und Freiheit. Und zugleich findet er ein ausgeglichenes Verhalten zum Mitmenschen und zur Gesellschaft.

Wie weitreichend ist z.B. die Vaterunser-Bitte: „Unser tägliches Brot gib uns heute"? Wenn wir von Brot sprechen, dann denken wir auch an den Broterwerb, an den Abbau der Arbeitslosigkeit. Wir fassen in dieser Bitte alles zusammen, was der Mensch zum Leben nötig hat. Dazu gehören auch Liebe, Anerkennung, Freude, Geborgenheit, Vergebung.

Hans Jürgen Vogelpohl

Seit Eva vom Apfel gekostet hat, hängt viel vom Essen ab.

Lord Byron

Das „Unser Vater" ist ein schönes Gebet,
Es dient und hilft in allen Nöten;
Wenn einer auch „Vater Unser" fleht,
In Gottes Namen, lasst ihn beten!

Johann Wolfgang von Goethe

Auch die Augen haben ihr tägliches Brot:
den Himmel!

Ralph Waldo Emerson

82

Die 10 Gebote

Der Dekalog ist das Porträt der Menschheit.

Alexander von Villers

Das bewegliche Lid

„Du glaubst es nicht! Jetzt beobachte ich schon den vierten Ladendieb heute Morgen", sagt Hans entrüstet zu seiner Kollegin. Die Beiden schauen auf einen der Monitore und sehen, wie sich gerade jemand eine Packung Käse in die Tasche steckt.

„Man fasst es nicht, mit welcher Dreistigkeit gestohlen wird", sagt die Kollegin. „Erinnerst du dich an die feine Dame von letzter Woche? Sie wollte das teure Parfüm mitnehmen, ohne zu bezahlen."

„Heute Morgen waren schon zwei Jugendliche auf Raubzug. Die hatten es auf CDs abgesehen und wollten sie in ihren Rucksäcken mitgehen lassen. Wie viele Diebstähle wir wohl erst gar nicht bemerken?" fragt Hans.

„Na gut, dann werde ich jetzt den Hausdetektiv verständigen." Während sie dies sagt, nimmt sie den Hörer in die Hand.

Doch Hans fasst sie an den Unterarm und bittet: „Tu das nicht! Warte!"

„Warum? Wir werden dafür bezahlt, Diebstähle zu melden. Es ist unsere Aufgabe", antwortet sie überrascht.

„Du hast ja Recht. Aber schau doch hin! Er ist ein Obdachloser, und er wird bestimmt großen Hunger haben. Lassen wir ihm die Freude! Bei den anderen Diebstählen war es etwas anderes", sagt Hans.

„Nein. Da mach ich nicht mit. Er ist erwischt worden und muss nun mit den Konsequenzen leben. Das Auge der Kamera lässt sich nicht bestechen. Es hat ihn entlarvt", widerspricht die Kollegin.

„Ja, aber wir sind Menschen, und das menschliche Auge hat ein bewegliches Lid", antwortet Hans mit einem Zwinkern.

10 Gebote

I.	Du sollst neben mir keine anderen Götter haben.
II.	Du sollst den Namen des Herrn, deines Gottes, nicht missbrauchen.
III.	Gedenke des Sonntags: Halte ihn heilig!
IV.	Ehre deinen Vater und deine Mutter und „schick sie nicht in die Wüste"!
V.	Du sollst nicht morden. Achte das Leben!
VI.	Du sollst nicht die Ehe brechen. Hab Ordnung in deinem sexuellen Leben!
VII.	Du sollst nicht stehlen.
VIII.	Du sollst nicht falsch gegen deinen Nächsten aussagen.
IX.	Du sollst nicht begehren deines Nächsten Frau.
X.	Du sollst nicht etwas begehren, das deinem Nächsten gehört.

Damit der Mensch das Gute tue

Nur wenige Texte der jüdisch-christlichen Überlieferung haben die Kultur des Abendlandes so nachhaltig geprägt wie die zehn Gebote, sie gehören zu den bekanntesten Passagen der Bibel, auch wenn heute immer weniger Menschen ihren genauen Wortlaut kennen. Die zehn Gebote weisen im Alten Testament eine einzigartige Stellung auf, es sind die einzigen Worte, die Gott unmittelbar zu seinem Volk Israel spricht, die einzigen Worte, die direkt von Gott verschriftet werden, die einzigen Worte, die überall und unbeschränkt Geltung beanspruchen. Die zehn Gebote sind dadurch aus allen Willensoffenbarungen Gottes klar herausgehoben. Die zehn Gebote verbinden bis heute Juden und Christen. Thomas Mann sieht in ihnen sogar nichts Geringeres „als Grundweisung und Fels des Menschenanstandes unter den Völkern der Erde". Auch wenn die zehn Gebote im Alten Testament an Israel gerichtet sind, so gelten diese Worte doch letztlich allen Menschen.

Die zehn Gebote genießen im Christentum besondere Wertschätzung. Jesus erkennt in der Bergpredigt das Gesetz Israels uneingeschränkt an (Mt 5,17-20), radikalisiert es aber und weitet es aus. Das Verbot des Tötens wird von ihm beispielsweise so ausgelegt, dass sich nicht erst der Mörder schuldig macht, sondern schon derjenige, der dem Nächsten zürnt. Außerdem fordert Jesus zur Erfüllung des Gebots die eigene Bereitschaft zur Versöhnung. (Mt 5,21-24)

Die christliche Tradition sieht die zehn Gebote im Doppelgebot der Gottes- und Nächstenliebe (Mt 12,28-31) zusammengefasst und stellt einen engen Bezug zur Goldenen Regel (Mt 7,12) her. Die Nächstenliebe findet bei Jesus im Gebot der Feindesliebe gar eine zugespitze Auslegung. (Mt 5,43-48)

Die zehn Gebote sind nicht nur eine Sammlung von Ge- und Verboten, bei jedem der zehn Worte ist immer die einleitende Selbstvorstellung Gottes mitzubedenken: Jahwe hat sein Volk aus der Knechtschaft in Ägypten befreit und sich dadurch als Gott Israels erwiesen. Die von ihm gewährte Freiheit wird nur in der Bindung an den Befreier bewahrt, diese Bindung zeigt sich in der Erfüllung der Gebote Gottes. Für uns Christen ist dieser Gott, der Israel aus Ägypten befreit hat, der Vater Jesu Christi, der durch seinen Sohn die Welt aus Sünde, Leid und Tod befreit hat. Dieser Gott schenkt dem Menschen Gnade und Freiheit, damit der Mensch das Gute tue.

Thomas Karmann

Ein Schriftgelehrter (…) fragte Jesus: Welches Gebot ist das erste von allen? Jesus antwortete: Das erste ist: Höre, Israel, der Herr, unser Gott, ist der einzige Herr. Darum sollst du den Herrn, deinen Gott, lieben mit ganzem Herzen und ganzer Seele, mit all deinen Gedanken und all deiner Kraft. Als zweites kommt hinzu: Du sollst deinen Nächsten lieben wie dich selbst. Kein anderes Gebot ist größer als diese beiden.

(Mk 12,28-31)

Die 10 Gebote

Die 10 Gebote sind ein Zeichen des Bundes Gottes mit den Menschen. „Ich bin Jahwe", so stellt Gott sich dem Volk Israel und auch uns vor. Es geht nicht um einen Namen, den man braucht, um jemanden herbeizurufen. „Ich bin Jahwe heißt": Ich bin der, der da ist, der immer schon da ist. Diesem Gott, der immer als Gott der treuen Zuwendung zum Menschen und zur Welt da sein wird, kann das Volk Israel und können auch wir vertrauen.

„Ich bin Jahwe", so lautet der Vorspruch für die 10 Gebote. Das ist kein Vorspruch im Sinne einer Präambel, in der das Allgemeine und Übergreifende steht, worauf dann das Gesetz, in dem das, worauf es ankommt, festgelegt wird. Der Vorspruch „Ich bin Jahwe" leitet im Grunde jedes der folgenden Gebote ein. Zum Vergleich könnten wir sagen, dass der Vorspruch wie in der Mathematik das Pluszeichen vor einer Klammer ist und alles bestimmt, was mit dem Inhalt der Klammer zu geschehen hat.

Die 10 Gebote sind zu allen Zeiten gültig als Weisung zum Leben. Es ist ein großes Missverständnis, wenn Menschen darin nur moralische Vorschriften erkennen, die ihnen einfach von außen auferlegt werden. Die 10 Gebote beginnen gerade nicht mit den bekannten Worten: „Du sollst nicht ....“ Eine Rückbesinnung auf ihren religiösen und menschlichen Reichtum ist gerade heute besonders wichtig. Gott gibt uns die 10 Gebote, um uns vor Unterdrückung zu bewahren. Sie sind Weisungen für ein Leben aus dem Glauben. Gott stellt die Weichen, er gibt uns Wegweiser zu einem geglückten Menschsein. Die 10 Gebote sind das Fundament für die Menschenwürde. In ihnen stellt Gott ein für allemal fest: Ich bin der Herr, dein Gott, der dich herausführt aus dem Sklavenhaus, der dich in die Freiheit führt.

Entdecken wir die 10 Gebote als sichere Wegweisung zur Freundschaft mit Gott und zur Eintracht unter den Menschen.

Hans Jürgen Vogelpohl

Die Gesetze Gottes sind gleichzeitig
auch die Grundgesetze der Menschheit.

Jean Baptiste Henri Lacordaire

Die Zehn Gebote sind deswegen so kurz und lo-
gisch, weil sie ohne Mitwirkung von Juristen zu-
stande gekommen sind.

Charles de Gaulles

Die zehn Gebote Gottes enthalten 279 Wörter, die
amerikanische Unabhängigkeitserklärung 300 Wörter, die Verordnung der europäischen Gemeinschaft
über den Import von Karamelbonbons aber exakt
25911 Wörter.

Bildnachweis

S. 10: © Bonifatiuswerk / www.bonifatiuswerk.de. Das Bild entstammt der Unterschriftenaktion „Sonntags nie!" des Bonifatiuswerkes. Ziel war es, ein deutliches Zeichen gegen die Ausweitung der Ladenöffnungszeiten an Sonn- und Feiertagen zu setzen.

S. 20: © Peter Gaymann. „Pax" bezieht sich auf den Lobpreis der Engel (Lk 2,14): „Gloria in altissimis Deo et in terra pax hominibus bonae voluntatis." (Gelobt sei Gott in der Höhe und auf Erden sei Frieden den Menschen seines Wohlgefallens.)

S. 42: © Evangelischen Kirche in Deutschland (EKD). Im Jahr 2002 startete der EKD eine Initiative, in der sie auf Plakaten und in einer Umfrage auf der Internetseite der EKD fragten: „Woran denken sie bei Ostern?"

S. 50: © picture alliance / Dinodia Photo Library. Die Taube symbolisiert den Heiligen Geist. In der Bibel wird berichtet: Während Jesu Taufe im Jordan sah Jesus, wie sich der Himmel öffnete, und den Geist Gottes wie eine Taube auf sich herabkommen. In der Pfingsterzählung kommt keine Taube vor.

S. 58: © Evangelische Nachrichtenagentur idea e.V. Im Oktober 2008 wurde in Großbritannien eine Buskampagne gestartet, die auch neben anderen europäischen Ländern auch in Deutschland Nachahmer fand. In Deutschland tourte im Sommer 2009 die atheistische Buskampagne durch 24 große Städte. Auf den Bussen stand: Es gibt wahrscheinlich keinen Gott. Auf den Bussen der Gegen-Bustour der Organisation Campus für Christus wurde gefragt: „Und wenn es ihn doch gibt?"

S. 72: © Brot für die Welt. / www.brot-fuer-die-welt.de. Im Vaterunser beten Christen: „Unser tägliches Brot gibt uns heute." Niemand soll Hunger leiden. Das dargestellte Plakat macht auf den wachsenden Hunger weltweit aufmerksam.

Autoren

Reinhard Lettmann,
geb. 1933, 1959 Priesterweihe, 1963 Promotion an der Gregoriana in Rom, 1973 Bischofsweihe, 1980 Ernennung zum Bischof von Münster, 2008 Emeritierung.

Hans Jürgen Vogelpohl,
geb. 1941, 1971 Priesterweihe, ab 1978 Militärseelsorger in Ahlen und Hamm, 1992-2006 Pfarrer bei der Bundespolizei Bayern.

Thomas R. Karmann,
geb. 1973, 2006 Promotion in Alter Kirchengeschichte und Patrologie an der Universität Regensburg, seit Oktober 2010 Lehrstuhlvertretung für Alte Kirchengeschichte, Patrologie und Christliche Archäologie an der Westfälischen Wilhelms-Universität Münster.

Clemens Stroetmann,
geb. 1946, deutscher Politiker, Staatssekretär a. D, Geschäftsführer der Stiftung Initiative Mehrweg.